Sociedade de consumo

Coleção **PASSO-A-PASSO**

CIÊNCIAS SOCIAIS PASSO-A-PASSO

Direção: Celso Castro

FILOSOFIA PASSO-A-PASSO

Direção: Denis L. Rosenfield

PSICANÁLISE PASSO-A-PASSO

Direção: Marco Antonio Coutinho Jorge

Ver lista de títulos no final do volume

Livia Barbosa

Sociedade de consumo

2ª edição

ZAHAR
Jorge Zahar Editor
Rio de Janeiro

Jorge Zahar Editor Ltda.
rua México 31 sobreloja
20031-144 Rio de Janeiro, RJ
tel.: (21) 2108-0808 / fax: (21) 2108-0800
e-mail: jze@zahar.com.br
site: www.zahar.com.br

Edição anterior: 2004

Composição: TopTextos Edições Gráficas Ltda.
Impressão: Geográfica Editora

Capa: Sérgio Campante

CIP-Brasil. Catalogação-na-fonte
Sindicato Nacional dos Editores de Livros, RJ

B199s 2.ed.

Barbosa, Livia, 1949-
Sociedade de consumo / Livia Barbosa. – 2.ed. – Rio de Janeiro: Jorge Zahar Ed., 2008.
(Ciências sociais passo-a-passo)

Inclui bibliografia
ISBN 978-85-7110-813-4

1. Consumo (Economia) – Aspectos sociais. 2. Comportamento do consumidor. I. Título. II. Série.

08-2117

CDD: 306.3
CDU: 366.1

Sumário

Sociedade, cultura e consumo

Sociedade de consumo é um dos inúmeros rótulos utilizados por intelectuais, acadêmicos, jornalistas e profissionais de marketing para se referir à sociedade contemporânea. Ao contrário de termos como sociedade pós-moderna, pós-industrial e pós-iluminista — que sinalizam para o fim ou ultrapassagem de uma época — sociedade de consumo, à semelhança das expressões sociedade da informação, do conhecimento, do espetáculo, de capitalismo desorganizado e de risco, entre outras, remete o leitor para uma determinada dimensão, percebida como específica e, portanto, definidora, para alguns, das sociedades contemporâneas.

Entretanto, no caso do termo *sociedade de consumo* a dimensão singularizada do consumo traz alguns embaraços conceituais. Consumir, seja para fins de satisfação de "necessidades básicas" e/ou "supérfluas" — duas categorias básicas de entendimento da atividade de consumo nas sociedades ocidentais contemporâneas — é uma atividade presente em toda e qualquer sociedade humana. Nesse sentido, uma questão se impõe de imediato: se todas as sociedades humanas consomem para poderem se reproduzir física e socialmente, se todas manipulam artefatos e objetos da cultura material para fins simbólicos de diferenciação, atribuição de status, pertencimento e gratificação individual, o que significa consumo no rótulo de sociedade de consumo? Ele sinaliza para algum tipo de consumo particular ou para um tipo de sociedade específica com arranjos institucionais, princípios classificatórios e valores particulares?

A resposta para essa questão é: as duas coisas simultaneamente, dependendo da abordagem teórica utilizada. Ou seja, para alguns autores, a sociedade de consumo é aquela que pode ser definida por um tipo específico de consumo, o consumo de signo ou *commodity sign*, como é o caso de Jean Baudrillard em seu livro *A sociedade de consumo*. Para outros a sociedade de consumo englobaria características sociológicas para além do *commodity sign*, como consumo de massas e para as massas, alta taxa de consumo e de descarte de mercadorias per capita, presença da moda, sociedade de mercado, sentimento permanente de insaciabilidade e o consumidor como um de seus principais personagens sociais.

Entretanto, uma definição do que é sociedade de consumo não é simples, ao contrário. O termo sociedade de consumo vem freqüentemente associado a outros conceitos como sociedade de consumidores, cultura de consumo, cultura de consumidores e consumismo, que são, na maioria das vezes, usados como sinônimos uns dos outros. Embora esses termos designem dimensões da realidade muito próximas uma das outras, como cultura e sociedade, o que torna difícil falar sobre uma sem avançar na outra, do ponto de vista analítico é possível e desejável que se diferencie *sociedade de consumo* e *de consumidores* de *cultura do consumo* e *de consumidores* por duas razões. Primeiro, quando utilizamos cultura do consumo e/ou sociedade de consumo estamos enfatizando esferas da vida social e arranjos institucionais que não se encontram, na prática, uniformemente combinados entre si, podendo ser encontrados desvinculados uns dos outros. Isto significa que algumas sociedades podem ser sociedades de mercado, terem instituições que privilegiam o consumidor e os seus direitos mas que, do ponto de vista cultural, o consumo não é utilizado como a principal forma de reprodução nem de diferenciação social, e variáveis como sexo, idade, grupo étnico e status ainda desempenham um papel importante naquilo que é usado e consumido. Ou seja, a escolha da identidade e do estilo de vida não é um ato individual e arbitrário, como alguns autores o interpretam no contexto das sociedades ocidentais contemporâneas.

A sociedade indiana seria um bom exemplo dessa disjunção entre sociedade e cultura de consumo. Nela, a religião desempenha um papel importante nos tipos de alimentos que podem ser consumidos, nos critérios de poluição que estruturam as diferentes práticas de preparação e ingestão dos mesmos e na escolha dos cônjuges, uma tarefa deixada a cargo dos pais na ausência de uma ideologia de amor romântico, que o relacione diretamente a casamento e vida em comum. Paralelamente a essas lógicas e práticas culturais que afetam diretamente o direito de escolha individual, extremamente valorizado nas culturas de consumidores de algumas sociedades ocidentais, existe uma intensa economia de mercado e instituições que procuram proteger o "freguês", lançando mão de princípios tanto tradicionais, baseados em um código moral, como de institucionais modernos, baseados em um código jurídico e legal, expresso na noção de direitos do consumidor. Origina-se dessa disjunção a necessidade de pensarmos sobre sociedades e culturas de consumo ou sobre etnografias de sociedades e culturas de consumo.

Segundo, devemos ter clara a distinção entre sociedade e cultura porque, para muitos autores — como Frederic Jameson, Zygman Bauman, Jean Baudrillard e outros — a cultura do consumo ou dos consumidores é a cultura da sociedade pós-moderna, e o conjunto de questões discutidas sob esse rótulo é bastante específico. Ele inclui a relação íntima e quase causal entre consumo, estilo de vida, reprodução social e identidade, a autonomia da esfera cultural, a estetização e comoditização da realidade, o signo como mercadoria e um conjunto de atributos negativos atribuído ao consumo tais como: perda de autenticidade das relações sociais, materialismo e superficialidade, entre outros. Por outro lado, autores como Don Slater, Daniel Miller, Grant McCracken, Colin Campbell, Pierre Bourdieu e Mary Douglas, por exemplo, abordam a sociedade de consumo ou o consumo a partir de temas que não são considerados pela discussão pós-moderna mas nem por isso são menos importantes. Aliás, muito pelo contrário, esses autores investigam o consumo sob perspectivas altamente relevantes, tais como: quais as razões que levam as pessoas a consumirem determinados tipos de bens, em determinadas circunstâncias e maneiras? Qual o significado e importância do consumo como um processo que media relações e práticas sociais, as relações das pessoas com a cultura material e o impacto desta na vida social? Qual o papel da cultura material no desenvolvimento da subjetividade humana? É possível a elaboração de uma teoria sobre consumo que dê conta de todas as suas modalidades? Em suma, esses autores investigam como o consumo se conecta com outras esferas da experiência humana e em que medida ele funciona como uma "janela" para o entendimento de múltiplos processos sociais e culturais.

Esses dois tipos de abordagem e de autores que estudam a sociedade e a cultura de consumo diferenciam-se entre si, também, pelo embasamento empírico das suas respectivas argumentações. No caso dos autores que discutem a cultura do consumo como a cultura da sociedade pós-moderna ou do capitalismo tardio a crítica social sobressai-se em relação à fundamentação empírica e sociológica. A sociedade parece emergir de um conjunto de suposições sobre a cultura contemporânea que são tomadas como dados e quase nunca desafiadas criticamente. Daí a quase total ausência da visão dos agentes sociais sobre os seus próprios atos e uma postura teórica universalizante sobre o significado e o papel do consumo na vida cotidiana das pessoas, que não distingue tipos de consumo, grupos sociais e os múltiplos significados da atividade de consumir.

À dificuldade conceitual de se definir e delimitar o que é uma sociedade de consumo junta-se o caráter elusivo da atividade de consumir, que a torna apenas social e culturalmente percebida na sua dimensão supérflua, ostentatória e/ou de abundância. A conseqüência dessa associação automática e inconsciente entre consumo, ostentação e abundância foi e ainda é o permanente envolvimento da sociedade de consumo e do consumo com debates de cunho moral e moralizante sobre os seus respectivos efeitos nas sociedades contemporâneas. Temas como materialismo, exclusão, individualismo, hedonismo, lassidão moral, falta de autenticidade, desagregação dos laços sociais e decadência foram associados ao consumo desde o início do século XVII e ainda hoje permeiam as discussões, dificultando e misturando conceituação e análise sociológica com moralidade e crítica social.

Ironicamente, as grandes diferenças materiais intra e entre as sociedades quase que impossibilitam qualquer tentativa de se discutir de forma mais acadêmica e teórica a questão do consumo, colocando aqueles que os tentam no lado da direita, da alienação ou da insensibilidade social no interior do espectro político. Entretanto, independentemente da carência material de determinados segmentos sociais e sociedades o fato é que consumir e utilizar elementos da cultura material como elemento de construção e afirmação de identidades, diferenciação e exclusão social são universais. Mais ainda, o apego a bens materiais não é nem uma característica da sociedade contemporânea nem daqueles que possuem materialmente muito. Ambos os elementos estão e já estiveram presentes de forma intensa em outras sociedades e segmentos sociais. Portanto, é fundamental se distinguir a crítica moral às desigualdades e opressões geradas pelo capitalismo e pelo socialismo real — que teriam aniquilado, supostamente, com a autenticidade e o modo de vida mais orgânico das sociedades pré-industriais — da crítica moralizante sobre o consumo e a sociedade de consumo.

Entretanto, se a crítica moral sempre permeou as discussões sobre o consumo é importante registrar a mudança significativa que ocorreu a partir da década de 1980, quando o consumo passou a despertar interesse sociológico como um tema em si mesmo. Esse interesse origina-se em duas pressuposições teóricas que se tornaram disseminadas entre os cientistas sociais. A primeira delas é o reconhecimento de que o consumo é central no processo de reprodução social de qualquer sociedade, ou seja: todo e qualquer ato de consumo é essencialmente cultural. As atividades mais triviais e cotidianas como comer, beber e se vestir, entre outras, reproduzem e estabelecem mediações entre estruturas de significados e o fluxo da vida social através dos quais identidades, relações e instituições sociais são formadas, mantidas e mudadas ao longo do tempo. Mais ainda, através do consumo atos locais e mundanos são relacionados a forças globais de produção, circulação, inovação tecnológica e relações políticas que nos permitem mapear e sentir na vida cotidiana aspectos que de outra forma nos parecem extremamente distanciados e presentes apenas nas discussões políticas sobre as desigualdades regionais e sociais.

A segunda pressuposição se baseia na caracterização da sociedade moderna contemporânea como uma sociedade de consumo. Como já mencionamos, a cultura material e o consumo são aspectos fundamentais de qualquer sociedade, mas apenas a nossa tem sido caracterizada como uma sociedade de consumo. Isto significa admitir que o consumo está preenchendo, entre nós, uma função acima e além daquela de satisfação de necessidades materiais e de reprodução social comum a todos os demais grupos sociais. Significa admitir, também, que ele adquiriu na sociedade moderna contemporânea uma dimensão e um espaço que nos permitem discutir através dele questões acerca da natureza da realidade. Entretanto em que consiste a natureza dessa realidade e a sua essência vai ser justamente o centro dos debates entre os diferentes autores sobre o que é uma sociedade e/ou uma cultura de consumo e de consumidores.

Neste livro, vou apresentar algumas das discussões concernentes à sociedade. Começarei pelas suas origens históricas, seguida de sua caracterização sociológica na visão de diferentes autores e concluirei com uma avaliação crítica acerca dos estudos sobre a sociedade de consumo e o consumo no Brasil.

Origens históricas da sociedade de consumo

As origens históricas da moderna sociedade de consumo são alvos de muitas controvérsias, que poderiam ser divididas em dois tipos: um se preocupa com o *quando* e outro com *o que* mudou. Ou seja, em que época e onde surgiram na Europa os primeiros indícios de que uma mudança estava ocorrendo na quantidade de itens da cultura material disponíveis na sociedade? Em que consistiam esses novos itens da cultura material e como eles se distribuíam no interior da sociedade?

A temática do *quando* tomou corpo no início da década de 1980, quando historiadores começaram a oferecer novas leituras para antigos dados históricos sinalizando para um revisionismo acerca da proeminência da revolução industrial no surgimento da sociedade contemporânea.

O que caracteriza esses trabalhos de forma genérica é o argumento de que uma Revolução do Consumo e Comercial precedeu a Revolução Industrial e foi um ingrediente central da modernidade e modernização ocidental. Esse revisionismo confronta a historiografia tradicional com um conjunto de novas questões. Por exemplo, como a industrialização poderia ter ocorrido em bases capitalistas sem a existência prévia de uma demanda adequada para a produção? Para quem esses industriais iriam vender? Por que eles não foram à falência deixando para os liquidantes a tarefa de lidar com uma pilha de invenções racionais e científicas e fábricas racionalmente organizadas mas absolutamente silenciosas?

Outra questão reveladora e importante é que as grandes invenções tecnológicas que estão associadas à Revolução Industrial ocorreram muito tempo depois dessa explosão do consumo a que todos esses autores se referem. As principais invenções mecânicas da indústria de tecidos, cabeça de lança da industrialização, só apareceram a partir da década de 1780, embora a indústria de roupas já funcionasse a pleno vapor, fundada no trabalho externo ou doméstico dos artesãos, permanecendo com essa estrutura produtiva até a década de 1830. O mesmo se refere à indústria de brinquedos, cujas inovações tecnológicas só vieram a afetá-la depois de plenamente estabelecida. Podemos concluir, portanto, que não foram essas invenções que criaram as condições materiais para as pessoas consumirem mais.

O lado econômico desse debate entre produtivistas e os que advogam a anterioridade de uma revolução de consumo e comercial precedendo a Revolução Industrial assume ou que as pessoas são, por definição, insaciáveis, ou que existe uma propensão natural a consumir, que faz com que qualquer aumento de renda ou salário seja alocado sempre no consumo de mais bens e mercadorias. Partindo desses pressupostos, a preocupação desses estudiosos se volta para a investigação das diferentes maneiras como essa nova demanda foi financiada, como a mudança na estrutura da renda e da taxa de salários e outras questões afetaram o consumo. Entretanto, esse lado econômico não consegue — e tampouco está interessado — em explicar a origem nem da "insaciabilidade" nem da "propensão natural a consumir", idéias em que se baseia toda a análise econômica sobre o consumo, compartilhadas tanto por Keynes, como por Marx e todos os economistas até hoje. A questão para eles é resolvida pela afirmação de que essa propensão "natural a consumir" e a "insaciabilidade" residiriam em aspectos psicológicos do ser humano que não seria tarefa da economia investigar, mas apenas constatar.

Essa constatação, contudo, nunca se baseou em qualquer evidência empírica, apenas na preferência cultural ocidental recente em destinar ao consumo de bens e mercadorias todo aumento da renda. Ao contrário, a insaciabilidade, que constitui uma das características da sociedade de consumo moderna, é o resultado de um processo histórico, no interior do qual podemos observar transformações que começam a se delinear nos dois séculos anteriores ao XVIII, quando atingem o seu apogeu e se consolidam.

Daniel Miller, em seu artigo "Consumption as the Vanguard of History: A Polemic by Way of an Introduction" ["Consumo como vanguarda da história: uma polêmica como introdução"] adiciona outros argumentos contra o "*bias* produtivista" que tem permeado a análise do consumo. Para o autor, esse desinteresse em relação ao consumo esconde, na verdade, uma espécie de "pacto" assumido pelos cientistas sociais no decorrer desse século no sentido de não comprometerem "a grande narrativa" que tem conferido precedência moral e ideológica à Revolução Industrial e à produção (trabalho), garantindo assim a hegemonia política da economia.

O objetivo de Miller, como o subtítulo do artigo sugere, é polemizar abertamente com os economistas. Analisando alguns mitos relativos ao consumo e ao consumismo moderno, ele demonstra ainda que do ponto de vista do campo da economia, marxistas e não-marxistas nunca estiveram na realidade em campos opostos. Aliás, é graças a esse consenso de não tratar do consumo e somente da produção que esse milagre se torna possível, fazendo com que a economia possa sustentar ao mesmo tempo uma face conservadora (keynesiana) e outra revolucionária (marxista) e mesmo assim permanecer unida e hegemônica.

Deixando de lado a sociologia do conhecimento do consumo, é necessário frisar que o interesse recente dos historiadores por esse tema e os argumentos indicados para enfatizar o peso e a importância do consumo na constituição da sociedade contemporânea não significam, contudo, a existência de uma síntese teórica e generalizante sobre tal fenômeno na historiografia européia. Mesmo assim, seria difícil não ratificar a centralidade do tema do consumo no interior desse campo intelectual. A despeito das diferenças de ênfases em certos temas e épocas investigadas, fica claro que, ao contrário do que a historiografia tradicional tem afirmado e os economistas repetido, a sociedade e a cultura de consumo não são a "gratificação histórica retardada" do longo labor industrial.

As mudanças históricas

Embora permaneçam disputas em torno do "quando" aconteceu a sociedade de consumo, variando este do século XVI até o XVIII, existe, por outro lado, um relativo consenso em que consistiram as mudanças que ocorreram. Algumas delas incidiram sobre a cultura material da época, afetando tanto a quantidade como a modalidade dos itens disponíveis. A partir do século XVI registra-se o aparecimento de todo um conjunto de novas mercadorias no cotidiano dos diversos segmentos sociais, fruto da expansão ocidental para o oriente. Esse conjunto de novas mercadorias, constatado pelos próprios observadores da época, dificilmente poderia ser considerado de necessidade, pois incluía itens como alfinetes, botões, brinquedos, rendas, fitas, veludos, louça para casa, fivelas de cinto, cadarços, jogos, plantas ornamentais, novos itens de alimentação e bebida e produtos de beleza entre outros.

Outras mudanças afetaram a dimensão cultural de forma particular. O aparecimento do romance ficcional moderno, o aumento do grau de literariedade da população, a prática da leitura silenciosa, a preocupação com novas formas de lazer, a construção de uma nova subjetividade, a valorização do amor romântico e a expansão da ideologia individualista são algumas das novidades registradas pelos historiadores. Por fim, o desenvolvimento de novos processos e modalidades de consumo bem como sistemas e práticas de comercialização que buscavam atingir novos mercados de consumidores são algumas outras novidades que irão coroar todos esses movimentos.

Entre tantas mudanças vou me deter em apenas duas. A passagem do consumo familiar para o consumo individual e a transformação do consumo de pátina para o consumo de moda.

Nas sociedades tradicionais a unidade de produção como a de consumo era a família ou o grupo doméstico. As famílias produziam em grande parte para o consumo de suas próprias necessidades de reprodução física e social. A sociedade era, por sua vez, composta por grupos de status. Grupos com estilos de vida previamente definidos e manifestos na escolha de roupas, atividades de lazer, padrões alimentares, bens de consumo e comportamento em relação aos quais as escolhas individuais encontravam-se subordinadas e condicionadas. Todo o estilo de vida desses grupos de status era controlado e regulado, em parte, pelas leis suntuárias. Estas definiam o que deveria ser consumido por determinados segmentos sociais e o que era proibido para outros. Várias eram as razões que circundavam a existência dessas leis, desde uma preocupação moral com o luxo até a demarcação de posição social.

Como Norbert Elias assinala em *A sociedade de corte*, na sociedade francesa dos séculos XVII e XVIII, status e estilo de vida eram variáveis dependentes entre si e independentes da renda. Isto quer dizer que a posição social de uma pessoa determinava o seu estilo de vida, independentemente da sua renda, ou seja das condições objetivas que esta pessoa possuía para mantê-lo e menos ainda do seu desejo pessoal de querer fazê-lo ou não, sob pena de ser excluído da sociedade de corte. Portanto, a autenticidade da pureza de sangue da aristocracia francesa é bastante duvidosa, aliás como de resto de qualquer outra. Como os nobres franceses eram proibidos de trabalhar e nem todos eram capazes de saber fazer render adequadamente seus próprios recursos, a dependência dos favores reais por rendas vitalícias era imensa e movimentava os bastidores da corte de Versalhes. Outra opção para evitar a falência era o casamento com os burgueses, a classe produtiva da sociedade francesa. Os burgueses, que por sua vez possuíam os bens necessários à manutenção permanente de um determinado estilo de vida, almejavam o tipo de consumo dos nobres, que lhes era vedado pelas leis suntuárias. Portanto, casamentos entre burgueses e nobres eram a conseqüência natural nessa sociedade onde trafegavam em sentido inverso a renda e o estilo de vida e status.

Essa relação de dependência entre status e estilo de vida e de independência em relação à renda é inteiramente rompida na sociedade contemporânea individualista e de mercado. Nesta, a noção de liberdade de escolha e autonomia na decisão de como queremos viver e, mais ainda, a ausência de instituições e de códigos sociais e morais com suficiente poder para escolherem por e para nós são fundamentais. Três frases célebres de Stuart Ewen e Elizabeth Ewen em *Channels of Desire* [Canais do desejo], reproduzidas em quase todos os livros que tratam do tema, ilustram o que foi dito acima: "Hoje não existe moda: apenas modas", "Não existem regras: apenas escolhas" e "Todos podem ser qualquer um".

O que os autores pretendem enfatizar é, primeiro, a ausência de grupos de referência que poderiam servir de inspiração para os segmentos na base da pirâmide social e a disseminação do seu gosto através do efeito *trickle-down*, ou seja de cima para baixo. Não existiria, por conseguinte, uma moda que fosse sendo substituída à medida que ela se difundisse pela sociedade e deixasse de ser um elemento diferenciador entre os grupos sociais. O que existe hoje seria uma multiplicidade de grupos, tribos urbanas e indivíduos criando as suas próprias modas. Em vez de olharmos para cima, olharíamos para os lados. Segundo, da mesma forma como não existem grupos de referências consolidados a orientar a escolha das pessoas não existem regras e/ou restrições sobre aquilo que podemos consumir, como acontecia durante a vigência das leis suntuárias. O critério para a aquisição de qualquer coisa passa a ser a minha escolha. É o império da ética do *self*, em que cada um de nós se torna o árbitro fundamental de suas próprias opções e possui legitimidade suficiente para criar sua própria moda de acordo com o seu senso estético e conforto. Finalmente, como não existem grupos de referências nem regras que decidam por e para nós, os grupos sociais são indiferenciados entre si em termos de consumo. Todos somos consumidores. Desde que alguém tenha dinheiro para adquirir o bem desejado não há nada que o impeça de fazê-lo.

Estilo de vida e identidade tornaram-se, portanto, opcionais. Independentemente da minha posição social, idade e renda posso ser quem eu escolher. Mais ainda, tornaram-se não só uma questão de opção individual, mas também uma situação transitória, como interpretam muitos autores, dentre eles Stuart Ewen e Zygmunt Bauman. Nessa perspectiva, estilo de vida juntamente com identidade podem ser compostos e decompostos de acordo com o estado de espírito de cada um. Mesmo a renda funciona como uma barreira limitada. Os produtos similares e "piratas" permitem que estilos de vida sejam construídos e desconstruídos e lançados ao mercado e utilizados por pessoas cujas rendas certamente não são compatíveis com o uso de muitos deles nas suas respectivas versões originais. Com a popularização e a imitação dos bens de luxo, a questão nas sociedades de consumo modernas é muito mais de legitimidade e de conhecimento sobre como usar do que o que está sendo usado. As noções de gosto — ou melhor, de bom ou mau gosto e de "estilo pessoal" — tornaram-se um dos mecanismos fundamentais de diferenciação, inclusão e exclusão social, como nos indica Pierre Bourdieu, em seu hoje clássico *La distinction* [A distinção].

Assim, estilo de vida, no contexto da cultura do consumo, sinaliza para individualidade, auto-expressão, estilo pessoal e autoconsciente. A roupa, o corpo, o discurso, o lazer, a comida, a bebida, o carro, a casa, entre outros, devem ser vistos como indicadores de uma individualidade, propriedade de um sujeito específico, ao invés de uma determinação de um grupo de status. Os objetos e as mercadorias são utilizados como signos culturais de forma livre pelas pessoas para produzirem efeitos expressivos em um determinado contexto. Para alguns autores, essa tendência sugere a irrelevância das divisões sociais do tipo "classe social, idade e sexo" na determinação da vida cotidiana. Para outros, contudo, esse ponto é altamente discutível.

Embora exista um relativo consenso entre os autores acerca da importância da individualidade e da escolha nos processos de consumo, o significado destes é diferenciado, bem como da fluidez das identidades e dos estilos de vida. Autores como Colin Campbell, Alan Warde e Daniel Miller olham com desconfiança essas idéias. Primeiro, porque do ponto de vista teórico é interessante considerar uma distinção entre liberdade e escolha feita por uma decisão tomada. Segundo, porque embora a liberdade de escolha seja um valor central da sociedade contemporânea ela não flutua em um vácuo cultural. Gênero, classe social, grupo étnico, entre outras variáveis, estabelecem alguns parâmetros no interior dos quais a minha "escolha" e a minha identidade se expressam. Terceiro, embora possamos dizer que através do consumo "construímos" identidades, um número maior de vezes a confirmamos ao reconhecermo-nos em produtos, objetos e itens da cultura material que são "a nossa cara" ou que reafirmam e satisfazem aquilo que julgo ser meus gostos e preferências. E, finalmente, mesmo na presença da possibilidade de escolhermos identidades e estilos de vida, estes se mantêm constantes, para a maioria das pessoas, por longos períodos de tempo.

Mas, independente das múltiplas interpretações que a mudança nos padrões de consumo possa ter, o fato a assinalar é que de uma atividade familiar na sociedade de corte, o consumo na sociedade moderna se tornou uma atividade individual, uma expressão de um dos valores máximos das sociedades individualistas — o direito de escolha.

O segundo elemento que marcaria a transição da sociedade de corte, tradicional para uma sociedade de consumo seria a mudança do consumo de *pátina* para o consumo de moda. A *pátina* é a marca do tempo deixada nos objetos, indicando que os mesmos pertencem e são usados pela mesma família há gerações. A *pátina* está ligada a um ciclo de vida mais longo do objeto, e dependendo do mesmo, conferia e ainda confere tradição, nobreza, enfim, status aos seus proprietários. Grant McCraken, em *Cultura e consumo*, relata que os nobres ingleses consumiam determinados bens, como retratos, pratarias, arcas de madeira nobres ou quaisquer outros objetos que pudessem registrar, física e objetivamente, a passagem do tempo e assim sustentar a legitimidade das reivindicações de uma família a uma determinada posição social no interior da comunidade a que pertenciam. As obrigações em relação aos servos e à comunidade estavam submetidas, também, a regras de reciprocidade e drenavam grande parte dos recursos que, portanto, não podiam ser aleatoriamente empenhados no dispêndio individual.

A moda, que caracteriza o consumo moderno, ao contrário da pátina, é um mecanismo social expressivo de uma temporalidade de curta duração, pela valorização do novo e do individual. Ela é o "império do efêmero", no dizer de Gilles Lipovetsky. Como tal ela rejeita o poder imemorial da tradição (a pátina) em favor da celebração do presente social, do mundo da vida cotidiana, do aqui e do agora. Sua referência não são os antepassados, mas os contemporâneos.

A moda é dominada pela lógica das mudanças menores. É o império do detalhe sob um fundo mais permanente. É uma variação no interior de uma série conhecida, ou seja novas formas de combinação no interior de uma mesma estrutura. Ela possui como princípio regulador e constante o gosto pela novidade e não a promoção de mudanças fundamentais.

Do ponto de vista histórico a moda não é um fenômeno que pertença a todas as épocas nem a todas as civilizações: ela é um fenômeno do mundo ocidental moderno. Ela não possui um conteúdo próprio nem está ligada, especificamente, a um objeto determinado. Inicia no âmbito do vestuário e entre os grupos aristocráticos. Posteriormente ela se expande para todas as esferas da vida cotidiana e grupos das sociedades modernas.

As razões que permitiram a disseminação da moda e do consumo entre os segmentos sociais para além da aristocracia são disputadas entre historiadores e sociólogos. Alguns enfatizam o efeito *trickle-down*. Outros procuram neutralizá-lo e disputam a ocorrência de uma democratização do consumo como reivindicada por alguns historiadores. Aspectos econômicos como a estrutura salarial, os mecanismos de distribuição e o tamanho do mercado de consumidores foram invocados como impedimentos para que a moda e o seu efeito *trickle-down* conseguissem gerar uma democratização do consumo para os demais segmentos sociais. Segundo esses autores, a disseminação da moda entre os diferentes segmentos estaria relacionada menos à democratização do consumo e mais à manutenção de status. A velocidade com que os estilos se alteravam diminuía a vida útil dos produtos, principalmente vestuário e calçados, fazendo com que patrões doassem a seus empregados peças de indumentárias que não mais se encontravam adequadas para o uso nas suas respectivas posições. Entretanto, não podemos nos esquecer que nos séculos XVII e XVIII, existia na Inglaterra uma crescente autonomia econômica que determinados grupos sociais tinham adquirido em relação à aristocracia e que lhes havia proporcionado um aumento expressivo de renda e os transformado em um razoável mercado consumidor, ansioso por adquirir produtos de luxo e supérfluos.

Quaisquer que tenham sido as razões que levaram à democratização do consumo, o fato é que no século XIX uma sociedade de consumo estabelecida com tipos de consumidores claramente diferenciados e novas modalidades de comercialização e técnicas de marketing já era uma realidade tanto na Inglaterra, como na França e Estados Unidos. A vitrine, voltada para a rua, e a criação do manequim de papelão prensado disponibilizaram para o grande público aquilo que estava sendo ou iria ser usado, facilitando a disseminação das últimas tendências por todos os segmentos sociais.

Lojas de departamentos, como o Bon Marché em Paris e Marble Dry Goods em Nova York, inauguradas em meados do século XIX, foram elementos importantes tanto na disseminação da moda como na democratização do consumo. Elas atiçavam o desejo dos consumidores, fornecendo um mundo de sonhos e impondo uma nova tecnologia do olhar ao apresentar as mercadorias em cenários e ao alcance das mãos dos consumidores sem a obrigatoriedade da compra. Simultaneamente, ofereciam meios para o financiamento dos sonhos que suscitavam, como foi o caso do crédito direto ao consumidor criado por Aristide Boucicaut, dono do Bon Marché. A loja de departamentos, um espaço de consumo que nunca deitou raízes profundas na sociedade brasileira, inaugurou padrões de comercialização que permanecem até hoje. O auto-serviço foi um deles, bem como o preço fixo das mercadorias. Ela congregava, debaixo de um mesmo teto, todas as mercadorias necessárias para o lar e o vestuário, fornecendo economia de tempo e conforto aos consumidores das intempéries do tempo e obtendo lucro através da rápida circulação dos seus estoques e barateando as mercadorias. Estas características de comercialização inauguradas nesses períodos foram posteriormente consolidadas pelos supermercados no início do século XX nos Estados Unidos e permanecem como modalidades de comercialização até os dias de hoje. Entretanto, é importante marcar suas origens, pois de tão cotidianas, tornaram-se, para a maioria de nós, elementos naturalizados de nossas vidas.

Passemos agora à caracterização sociológica da sociedade de consumo.

Sociedade de consumo: características sociológicas

Embora de uso comum, termos como sociedade de consumo e/ou de consumidores, cultura de consumo e/ou de consumidores carecem de definições precisas. Além disso, muitos pesquisadores não fazem uma distinção clara entre teorias sobre a sociedade e a cultura de consumo e/ou de consumidores e teorias sobre o consumo, como um processo social que começa antes da compra e termina até o descarte final da mercadoria.

Teorias sobre a sociedade de consumo dizem respeito à natureza da realidade social. Mapeiam e analisam alguma característica que lhe é atribuída como específica e que a define e cogitam sobre o porquê do consumo desempenhar um papel tão importante no interior da sociedade contemporânea ocidental. Teorias sobre o consumo, por sua vez, inquirem sobre outras dimensões da vida social. Elas procuram respostas para várias questões como, por exemplo, os processos sociais e subjetivos que estão na raiz da escolha de bens e serviços; quais são os valores, as práticas, os mecanismos de fruição e os processos de mediação social a que se presta o consumo; qual o impacto da cultura material na vida das pessoas e, ainda, como o consumo se conecta a outros aspectos da vida social etc. Embora teorias sobre a sociedade de consumo e teorias de consumo sejam dimensões intimamente ligadas, correspondem a níveis analíticos distintos da realidade.

Devido às dificuldades conceituais já apontadas, muitos autores preferem falar da sociedade ou da cultura do consumo e/ou de consumidores recorrendo a temas e recusando uma teorização sobre as suas características sociológicas e culturais. Este é o caso de Ben Fine e Ellen Leopold, em *The World of Consumption* [O universo do consumo]. Os autores selecionaram cerca de sete temas que consideraram relevantes para o entendimento do que as pessoas querem dizer quando se referem à sociedade de consumo. São eles: as origens históricas da sociedade de consumo; a identificação entre sociedade de consumo e o período da produção em massa (*mass production*); a relação entre consumo de massas e sociedade de consumo; o papel de marketing e propaganda na sociedade de consumo e a questão do controle e da manipulação; o consumo como um fator de estratificação social; a relação entre sociedade de consumo e afluência; e, por fim, a relação entre pós-modernismo e consumo.

A sistematização feita por Fine e Leopold, embora interessante, deixa algumas lacunas, na medida em que não fica claro o critério para a inclusão e a exclusão de certos autores em algumas das categorias selecionadas. Mais ainda, alguns temas encontram-se referenciados a toda uma bibliografia, enquanto outros parecem se circunscrever a um único autor considerado emblemático por eles. Autores e temas que deveriam ser discutidos em conjunto, pois apresentam continuidade em relação às suas idéias, estão separados ou não são mencionados. Por exemplo, o quarto tema, que discute a relação de marketing, propaganda e consumo não menciona a tese marxista de manipulação do consumo pelo capitalismo industrial, deixando de fora autores fundamentais para esta posição. Na perspectiva marxista a sociedade de consumo seria aquela dominada pelos imperativos do lucro, os quais criam necessidades falsas através da manipulação dos consumidores sem necessariamente gerar felicidade, satisfação ou harmonia. Nesta perspectiva, propaganda e marketing são, portanto, mecanismos menos de "vender produtos do que de comprar consumidores", como muito bem assinalam Fine e Leopold.

O mesmo ocorre quando estes autores abordam o quinto tema, caracterizando a revolução do consumo como uma revolução doméstica, de transformação da casa em uma unidade moderna e da mulher no seu principal agente e em uma das suas grandes beneficiárias. Neste contexto, Fine e Leopold deixam de fora os relevantes trabalhos da literatura feminista que são de fundamental importância em reavaliar o papel da mulher neste processo.

A mesma crítica se aplica à discussão do consumo como criando e estabelecendo diferenças sociais. É impossível, neste caso, não citar uma literatura de cunho antropológico, como Mary Douglas, Pierre Bourdieu e o precursor de toda esta teoria, Thorstein Veblen. No entanto, nenhum deles aparece como autor relevante nos temas selecionados em *The World of Consumption*.

Don Slater é o nosso próximo autor. Em seu livro *Cultura do consumo & modernidade* ele relaciona a sociedade e a cultura do consumidor com a modernidade. Para o autor, a cultura do consumidor (*consumer culture*) é uma cultura de consumo (*culture of consumption*) e o modo dominante de reprodução social, embora não o único, desenvolvido no ocidente ao longo da modernidade. Ela se encontra relacionada com valores, práticas e instituições tais como escolha, individualismo e relações de mercado.

Embora use o termo *consumer culture* ao invés de *consumer society*, Slater privilegia em sua análise os arranjos sociais, ou seja, as relações, estruturas, sistemas e instituições no interior das quais nossos desejos e necessidades e a organização social dos recursos disponíveis se definem mutuamente. Slater afirma que se a cultura do consumo está associada à modernidade como um todo seria impossível uma única definição. Seu esforço analítico se concentra em definir a cultura do consumidor através do que ele denomina de indicadores sociológicos. São eles:

- A cultura do consumidor é uma cultura de consumo de uma sociedade de mercado. No mundo moderno o consumo se tornou o foco central da vida social. Práticas sociais, valores culturais, idéias, aspirações e identidades são definidas e orientadas em relação ao consumo ao invés de e para outras dimensões sociais como trabalho, cidadania e religião entre outros. Esta característica permite, no ponto de vista de alguns, descrever a sociedade contemporânea de uma forma negativa, ou seja como uma sociedade materialista, pecuniária, na qual o valor social das pessoas é aferido pelo o que elas têm e não pelo o que elas são. Em uma outra perspectiva, mais positiva, permite definir a cultura do consumidor como um universo no qual predomina a autonomia de escolha e a soberania do consumidor. A cultura do consumo implica também que os valores relacionados às atividades de consumo e de mercado transbordem para outras áreas que até então eram apreciadas e certificadas por outros critérios. Um bom exemplo desse processo é a importação de conceitos como satisfação, cliente, qualidade, efetividade, eficácia, produtividade, eficiência e resultados para áreas como educação, saúde e cultura, que até a década de 1980 não tinham que responder a demandas dessa natureza.

• Cultura do consumidor é a cultura de uma sociedade de mercado. A maioria daquilo que consumimos está sob a forma de mercadorias. Ou seja, produtos, experiências e serviços foram produzidos especificamente para serem vendidos no mercado. O acesso das pessoas a essas mercadorias é conseqüência da distribuição de recursos materiais (dinheiro) e culturais (gosto, estilo de vida etc.) no interior da sociedade, a qual é, também, conseqüência das relações de mercado — salário e classe social. A mesma relação que instaura o assalariado instaura o consumidor. A cultura do consumidor é, portanto, a cultura de uma sociedade capitalista e é estruturalmente incompatível com uma economia planejada ou com leis suntuárias.

• A cultura do consumidor é, em princípio, universal e impessoal. A cultura do consumidor é impessoal no sentido que as mercadorias são produzidas para um mercado de massas e não para indivíduos específicos. O consumidor não é alguém conhecido, mas um sujeito anônimo que só pode ser construído como um objeto. A cultura de mercado é universal porque, em princípio, todos nós somos livres e iguais e podemos, portanto, adquirir o que quisermos, sem qualquer restrição legal ou de status, desde que tenhamos os meios pecuniários para fazê-lo. Da mesma forma que a cultura do consumidor não restringe quem pode ter acesso ao mercado, ela também não restringe o que pode ir para o mercado. Isto significa que qualquer objeto, experiência, atividade, em suma, qualquer coisa, pode ser comoditizada.

• Cultura do consumidor identifica liberdade com escolha e vida íntima. Ser um consumidor é fazer escolhas do que comprar, de como pagar e gerir o seu dinheiro sem qualquer interferência institucional ou de terceiros. O ato de consumo é um ato privado. Primeiro, porque a decisão de consumir ocorre no íntimo de cada um de nós. Segundo, porque o ato de consumo não tem significado ou almeja objetivos públicos. É este sentido íntimo e privado do consumo que é um dos objetos maiores da crítica social. Se a escolha dos indivíduos é baseada nas suas preferências pessoais, o que acontece com certos valores culturais? Como a sociedade pode se manter unida?

• As necessidades dos consumidores são ilimitadas e insaciáveis. Na cultura do consumidor as necessidades de cada um de nós são insaciáveis. Esta sensação de insaciabilidade é interpretada de duas formas distintas. A primeira a vê como uma conseqüência da sofisticação, do refinamento, da imaginação e da personalização dos desejos e necessidades das pessoas e/ou da vontade individual de progresso econômico e social. A segunda, como uma exigência do sistema capitalista para a sua própria sobrevivência. A necessidade deste por um crescimento permanente cria uma ansiedade acerca da possibilidade de algum dia essas necessidades serem satisfeitas ou financiadas.

• A cultura do consumidor é a forma privilegiada para negociar identidade e status em uma sociedade pós-tradicional. Ao contrário das sociedades tradicionais onde a identidade era atribuída pelo pertencimento a grupos de status e o consumo era determinado pelo pertencimento dos indivíduos a estes grupos e regulado por leis suntuárias, nas sociedades pós-tradicionais a identidade social é construída pelos indivíduos a partir de suas escolhas individuais. Não existem mais instituições que têm o poder de escolher para nós o que vamos ser, o que iremos fazer e com quem iremos casar. Temos uma única obrigação e constrangimento: escolher. Nesse universo os itens da cultura material que tradicionalmente significam e sinalizam identidades nas sociedades tradicionais parecem ser, mais do que nunca, os construtores dessas identidades. Estas parecem ser mais uma função do consumo que o contrário.

• A cultura do consumo representa a importância crescente da cultura no exercício do poder. O poder de escolha do indivíduo na esfera do consumo nas sociedades pós-tradicionais tem sido campo de debate sobre a sua real liberdade de escolha ou submissão a interesses econômicos maiores que se escondem por trás do marketing e da propaganda. Será o consumo uma arena de liberdade e escolha ou de manipulação e indução? Terá o consumidor efetivamente escolha? Ele é súdito ou soberano, ativo ou passivo, criativo ou determinado?

Para alguns críticos aquilo que se passa por cultura nas sociedades capitalistas está a serviço de interesses econômicos de grupos poderosos. Para outros a cultura está, hoje, organizando a economia em aspectos básicos: o valor dos bens depende mais do seu valor cultural (de signo) do que do seu valor de uso ou de troca. A maioria das mercadorias assume a forma de signos e representações. A continuar esse desenvolvimento, assistiremos a uma desmaterialização da economia.

Don Slater conclui sua discussão sobre as teorias da cultura do consumidor alertando para o perigo de transformá-la em uma questão de mera preferência do consumidor. Para ele, elas também precisam ser compreendidas como parte de uma história dos tempos modernos.

Mike Featherstone é o nosso próximo autor. Em seu livro *Cultura de consumo e pós-modernismo* adota uma estratégia diferente dos autores anteriores para falar da sociedade de consumo. Ele reúne o que identifica como diferentes teorias sobre a cultura do consumidor em três grandes grupos e as associa, ao contrário de Slater, com a pós-modernidade. Featherstone define cultura do consumidor como: "usar o termo 'cultura do consumidor' é enfatizar que o mundo das mercadorias e os seus princípios estruturais são centrais para o entendimento da sociedade contemporânea. Isto envolve uma dupla perspectiva: primeiro, na dimensão cultural da economia, a simbolização e o uso dos bens materiais como comunicadores e não apenas utilidades; e segundo, na economia dos bens culturais, os princípios de mercado como oferta, demanda, acumulação de capital, competição e monopólio operam no interior da esfera dos estilos de vida, bens culturais e mercadorias."

Aliás, é importante observar que a ligação entre cultura do consumidor (*consumer culture*) e a pós-modernidade é central para Featherstone e vários outros autores. Para eles a cultura do consumidor é a própria cultura pós-moderna. É a mesma cultura sem profundidade a que Jameson se refere como a "cultura do capitalismo tardio". Nessa sociedade, à cultura é dado um novo significado através da saturação de signos e mensagens ao ponto em que tudo na vida social foi transformado em cultura.

Os três grupos de teoria identificados por Featherstone são: a produção do consumo, os modos de consumo e o consumo de sonhos, imagens e prazeres. A primeira dessas divisões — a *produção do consumo* — entende a cultura do consumidor como uma conseqüência da expansão capitalista e do grande impulso trazido à produção pelos métodos tayloristas e fordistas. A necessidade de criar novos mercados e "educar" as pessoas para serem consumidores criou mecanismos de sedução e manipulação ideológicas das pessoas através do marketing e da propaganda. Embora saudadas por alguns como emancipadora, como levando a um maior igualitarismo e liberdade individual, a cultura do consumidor é vista por outros como desintegradora e responsável pelo afastamento das pessoas de valores e tipos de relações sociais consideradas mais verdadeiras, autênticas.

Essa perspectiva sobre a cultura do consumo e/ou dos consumidores é compartilhada igualmente tanto por economistas clássicos como por neomarxistas. Aliás, é essa comunhão de visões acerca do consumo como uma conseqüência das necessidades da produção em massa oriunda da revolução industrial que levou a uma visão estritamente economicista do consumo, como muito bem nos chama a atenção Miller. A diferença entre esses dois grupos reside na questão do controle sobre os consumidores empreendida pela grande indústria, subsidiada pela propaganda e pelo marketing, adotada pelos marxistas e neomarxistas *versus* a sua autonomia de escolha, esposada pelos economistas clássicos e liberais.

Featherstone, vai centrar sua atenção nas interpretações neomarxistas. A ênfase maior de Featherstone é sobre as implicações para a cultura do consumo advindas da interpretação da escola de Frankfurt. A primeira diz respeito à indústria cultural. Nesta, merecem atenção a transformação da cultura em mercadoria, a submissão dos "consumidores culturais" à lógica do mercado e à redução dos valores da alta cultura aos mais baixos denominadores, pela ausência de padrões e instituições que estejam investidos de autoridade para discriminar e hierarquizar a produção cultural. A lógica do mercado coloca tudo e todos no mesmo nível. A segunda diz respeito à obliteração do valor de uso em relação ao valor de troca. Esse processo permite que as mercadorias se tornem livres para múltiplas associações. Segundo Featherstone, marketing e propaganda tornam-se, por conseguinte, "capazes de explorarem e associarem imagens de romance, aventura, exotismo, desejo, beleza, realização, progresso científico a mercadorias mundanas tais como sabão, máquinas de lavar, carros e bebidas alcoólicas".

Jean Baudrillard é o autor ícone das teorias sobre a produção do consumo. Ele se distingue dos demais pelo uso que faz da semiologia. Baudrillard — é bom frisar porque Featherstone não o faz — não utiliza o termo *consumer culture* mas sim sociedade de consumo. Para ele, "sociedade de consumo é aquela em que o signo é a mercadoria." Por isto ele quer enfatizar o descolamento definitivo do valor de uso do valor de troca da mercadoria e sua associação exclusiva com o aspecto simbólico. Para Baudrillard, a atividade de consumo implica na ativa manipulação de signos, fundamental na sociedade capitalista, na qual mercadoria e signo se juntaram para formar o *commodity sign*. A autonomia do significado através da manipulação da mídia, da propaganda e do marketing indica que os signos estão livres de vinculação com objetos particulares e aptos a serem usados em associações múltiplas. Mercadorias da vida cotidiana sem nenhum glamour têm os seus respectivos significados originais e funcionais inteiramente neutralizados.

Esta autonomia do significado em relação ao significante torna a sociedade de consumo ou sociedade pós-moderna um universo social saturado de imagens. E a superprodução de signos e reprodução de imagens leva a uma perda do significado estável e a uma estetização da realidade, na qual o pastiche se torna mais real que o real, se torna hiper-real. O presente se torna o tempo permanente e as imagens são unidas cacofonicamente, sem qualquer preocupação com uma lógica histórica que as reúna numa narrativa cronológica e espacialmente coerente. Linguagens visuais do tipo videoclipe e canais de televisão como a MTV são exemplos significativos disso. É essa predominância do signo como mercadoria que levou os neomarxistas a enfatizarem o papel crucial da cultura na reprodução do capitalismo contemporâneo.

Featherstone chama atenção para o fato de que a teoria da produção do consumo, na sua versão neomarxista tem dificuldade em dar conta das novas práticas e experiências de consumo. A perspectiva frankfurtiana de olhar a indústria cultural como produzindo uma cultura de massa homogênea que ameaça a individualidade e a criatividade pode ser criticada pelo seu elitismo e inabilidade de examinar os processos reais de consumo que revelam respostas complexas e diferenciadas por parte de audiências distintas.

Dentro do mesmo espírito da crítica anterior, considero importante lembrar que a preocupação com o controle e a produção de consumidores, tão discutida pela teoria crítica e pelos neomarxistas, apresenta alguns sérios problemas. O primeiro deles é que, embora os consumidores, como os operários, possam ser vistos como controláveis pelos capitalistas com o objetivo de aumentar seus lucros, a linha entre persuasão e controle é muito mais difícil de definir na esfera do consumo do que na produção.

É interessante enfatizar que não existe punição para o não-consumo ou obrigatoriedade para fazê-lo. Em suma, enquanto diversas instituições sociais possuem poder de coerção sobre as pessoas, o mesmo não ocorre quando se trata de consumidores.

A segunda divisão proposta por Feartherstone — *modos de consumo* — refere-se a uma lógica de consumo que sinaliza para formas socialmente estruturadas pelas quais as mercadorias são usadas para demarcar relações sociais. No interior da cultura do consumidor persiste uma economia de prestígio, na qual mercadorias escassas e/ou bens posicionais (mercadorias cujo prestígio se deve à imposição de uma escassez artificial de oferta) requerem investimentos em tempo, dinheiro e conhecimento para serem utilizados apropriadamente e de forma que seus usuários consigam transferir as propriedades simbólicas atribuídas às mercadorias para si mesmos, enquanto categorias de pessoas. Nessa parte, os autores centrais são Mary Douglas e Baron Isherwood e Pierre Bourdieu e os temas são as formas pelas quais as mercadorias são usadas para comunicar e diferenciar socialmente as práticas e estratégias de consumo de diferentes segmentos sociais e suas implicações para a formação de hábitos, identidades e diferenciações. Entretanto, julgo importante frisar que por mais relevantes que sejam as contribuições desses autores na compreensão dos significados e mecanismos relacionados às atividades de consumo na sociedade ocidental contemporânea é difícil perceber nos trabalhos de ambos uma teoria sobre a sociedade de consumo, de consumidores ou sobre a cultura de consumidores.

No caso de Bourdieu, o consumo nem era o seu foco analítico. Ele buscava novas formas de estudar e abordar as relações sociais. *La distinction* tinha justamente este objetivo. Apoiado em amplo material empírico sobre o gosto das pessoas, Bourdieu desenvolve uma complexa tese na qual ele enfatiza a centralidade das práticas de consumo na criação e manutenção de relações sociais de dominação e submissão. Os grupos dominantes, segundo o autor, procuram possuir ou estabelecer o monopólio de bens posicionais. Mas, na sociedade de consumo contemporânea, a situação desses bens é profundamente instável, com uma inflação permanente dos mesmos à medida que os bens posicionais passam a ser comercializados para uma população maior ou sofrem queda no mercado, provocando uma corrida social constante das pessoas para novos bens a fim de conservarem distinções de status reconhecíveis. Nesse cenário, a moda deve ser vista como um processo de obsolescência cultural programada. À medida que ela se dissemina pelo interior da sociedade ela deixa de ser um diferencial para alguns grupos e um novo ciclo para um novo produto é estabelecido.

No caso de Douglas e Isherwood o foco de *O mundo dos bens* também não era nenhuma teoria sobre a sociedade de consumo. O público para o qual se dirigiam também não era de antropólogos, sociólogos e críticos da sociedade de consumo, mas sim economistas e a economia. O livro questiona as pressuposições em que a economia se baseia para elaborar a sua teoria sobre o consumidor. Douglas e Isherwood estão preocupados em entender a forma pela qual as mercadorias são usadas pelas pessoas para estabelecer as fronteiras da relação social. Eles demonstram que o uso que fazemos das mercadorias é relacionado apenas em parte ao consumo físico das mesmas (utilidade e satisfação), sendo crucial o seu uso enquanto marcadores sociais no interior de um sistema informacional. O componente informacional das mercadorias aumenta na medida em que as pessoas sobem na escala social. As pessoas pertencentes aos extratos médios e superiores usam a informação sobre bens e serviços para construírem pontos de contato com pessoas com visões de mundo semelhantes e fecharem as portas para excluírem aqueles que não compartilham das mesmas. Esse é justamente o caso do conhecimento sobre as artes. Douglas e Isherwood argumentam que para os consumidores o consumo é menos um prazer em si mesmo e mais uma forma prazerosa de preencher obrigações sociais.

Como indicado acima, o fato de que tanto Bourdieu quanto Douglas e Isherwood estarem preocupados com *o* consumo enquanto uma atividade social mediadora de maneira alguma invalida a contribuição de ambos. Entretanto, é difícil ver em que medida o fato das mercadorias serem usadas para demarcar relações sociais e a existência de uma economia de prestígio que requer investimento de tempo, dinheiro e conhecimento seja específico à cultura do consumidor. Fazer uso da cultura material para fins estritamente simbólicos e utilizar objetos e mercadorias como diferenciadores ou comunicadores sociais é um processo utilizado em todas as sociedades. Os véus dos tuaregues, uma noiva indiana ou ocidental no dia da celebração do seu casamento são monumentos ao uso da cultura material para fins simbólicos, não só para utilizá-la como um sistema de comunicação, como para discriminar, excluir e/ou incluir pessoas em determinados grupos, status e contextos.

Um conhecimento maior sobre a cultura do consumidor ou a sociedade de consumo poderia ser obtido caso os mecanismos de diferenciação e comunicação social, as estratégias de obtenção de prestígio, de exclusão e de "denúncia" de pessoas através da manipulação de bens posicionais, apontados por esses autores em relação à sociedade contemporânea, fossem comparados aos de outras sociedades, ou mesmo aos de várias sociedades no interior do largo espectro das sociedades contemporâneas. Isto possibilitaria a identificação de estratégias de uso e exposição de bens, processos de demarcação social e agentes sociais específicos à sociedade de consumo contemporânea *vis-à-vis* as demais.

O terceiro grupo de teorias identificado por Featherstone — consumo de sonhos, imagens e prazeres — salienta a dimensão dos prazeres emocionais associados ao consumo, mais especificamente os sonhos e desejos que são celebrados no imaginário da cultura do consumidor, que estão objetificados de forma particular em espaços físicos de consumo como shopping centers, parques temáticos, lojas de departamentos, entre outros que geram sensações físicas e prazeres estéticos.

Featherstone quer com esse terceiro grupo de teorias chamar nossa atenção para a existência de forças contraditórias existentes no interior da sociedade contemporânea. Essas estimulam a produção e o trabalho árduo ao mesmo tempo em que prometem o prazer e a satisfação das necessidades e desejos através da superação da escassez. A partir daí cria-se um dilema: a produção leva ao excesso; mas o que fazer com isso?

Estes excessos e desregramentos do mundo de consumo contemporâneo não são tão novos assim. A dimensão carnavalesca do universo medieval também transformava os espaços de racionalidade econômica — as feiras — em lugares de prazeres, desregramento e exposição do exótico. Esta interpretação parece ser a oferecida para a esfera de prazer, do lúdico, do exótico e do novo que perpassa os espaços físicos de consumo contemporâneo. Enquanto alguns autores vêem nisso uma diluição das fronteiras entre arte e vida cotidiana e todo o conjunto de associações negativas relacionadas à cultura pós-moderna, outros, como Walter Benjamin enfatizam a dimensão utópica, ou o momento positivo da produção em massa de mercadoria que libera a criatividade da arte e a permite migrar para a multiplicidade dos objetos contemporâneos.

Featherstone conclui sua apresentação das diferentes perspectivas teóricas sobre a cultura do consumidor concluindo que no seu interior persistem economias de prestígio e simbólicas. As primeiras, demandando investimentos consideráveis em tempo, dinheiro e conhecimento para que os bens posicionais sejam manuseados apropriadamente, de forma que estes possam ser utilizados para indicar o status de seu usuário. As segundas, propiciando sonhos e satisfação emocional individual através de seus signos, imagens e mercadorias simbólicas.

Bauman é um autor extremamente importante para os nossos propósitos na medida em que suas teses são extremamente difundidas e defendidas no Brasil e se caracterizam por um tom profundamente pessimista e moralizante. As teses de Bauman encontram-se distribuídas por diferentes trabalhos, nos quais ele analisa distintas categorias sociais e o impacto da sociedade de consumo sobre as mesmas. Seu mais recente trabalho — "Consuming Life" [Vida que consome] — oferece, contudo, uma visão concisa sobre o que esse autor pensa sobre a natureza da sociedade de consumo, o consumo e o seu impacto desagregador na vida das pessoas.

Para Bauman a característica distintiva da sociedade de consumo não é o alto grau de consumo em si, mas a desvinculação deste de qualquer função pragmática ou instrumental. Em formações históricas e sociais anteriores existiam necessidades biológicas e sociais que eram circunscritas e justificadas por padrões sociais de decência, propriedade ou "good life" (no sentido moral de uma vida digna). Contudo, na sociedade de consumo contemporânea as "necessidades" adquiriram uma nova plasticidade, que nos eximem de justificá-las por referência a qualquer critério. O prazer que elas proporcionam lhes confere legitimidade. Assim, "na sociedade do consumidor, o consumo é o seu próprio fim e por conseguinte é autopropulsor".

O que impele a sociedade de consumo não é um conjunto fixo, circunscrito e finito de necessidades, mas o desejo (*desire*) e agora na época do capitalismo tardio o capricho (*wish*). Ambos são fenômenos essencialmente evasivos e efêmeros, que prescindem de justificação ou apologia em torno de um objetivo ou causa. O que têm em comum é a dimensão auto-referente de ambos e o que os diferencia é o grau de volatilidade de um e de outro. Enquanto o desejo liga o consumo a dimensões de auto-expressão, gosto e classificação, o capricho se caracteriza pela sua dimensão casual, espontânea e aleatória. Enquanto o desejo se enraíza na comparação, na vaidade, na inveja e na necessidade de aprovação, o capricho, como todos os caprichos, é infantil e inseguro. A sociedade de consumo transformou o princípio do prazer no princípio de realidade; de uma ameaça à estabilidade da vida social, transmutou-o em seu principal alicerce.

O que levou a esse estado de coisas e quais as conseqüências dessa situação? Para Bauman os responsáveis por esta situação são dois séculos de capitalismo. Mas essa responsabilidade é compartilhada entre capitalistas, profissionais de marketing e os próprios consumidores. Sob circunstâncias de vida adversas, argumenta o autor, muitas vezes um comportamento irracional pode conter uma estratégia racional e oferecer uma opção, também racional, entre as disponíveis. São as chamadas conseqüências não antecipadas das ações sociais. As implicações desse estado de coisas são a "subjetivação e individualização dos riscos e contradições produzidos por instituições e pela sociedade. Em resumo, os indivíduos estão condenados a procurar soluções individuais para contradições sistêmicas. Uma tarefa impossível..., algo que desafia a lógica e que não pode ser levado a cabo de uma maneira que lembre remotamente uma solução coerente e sistemática."

Várias críticas poderiam ser feitas às teses de Bauman. Primeiro, a combinação entre crítica moral e filosófica à sociedade de consumo e teoria sociológica. Existe um claro tom moral condenatório do prazer individualista e uma avaliação utópica de épocas anteriores sem qualquer fundamentação histórica ou sociológica. Segundo, se por um lado podemos verificar tendências na direção em que ele aponta, podemos registrar, concomitantemente, fortes tendências na direção inversa. Se a rede de proteção das contradições sistêmicas oferecida pelo Estado ao indivíduo tem sofrido ataques nos últimos anos é bom lembrar que na época histórica a que genericamente se refere Bauman, em que o princípio do prazer não era ainda o princípio da realidade, sequer existia qualquer tipo de proteção. É bom lembrar que o Estado do bem-estar social surgiu justamente como forma de proteção aos desequilíbrios sistêmicos do capitalismo praticados por sociedades capitalistas. Além disso, mesmo sob ataque, esta rede nunca protegeu todas as pessoas mas apenas certos grupos que detêm poder sobre o Estado, deixando de fora — até alguns anos atrás e ainda hoje — milhões de pessoas. Também é importante registrar que em nenhuma época anterior a sociedade civil se mobilizou tanto através de dispositivos institucionais (ONGs) para criar novas redes e formas de segurança, proteção e vigilância da sociedade sobre si mesma de forma a beneficiar o maior número de pessoas possível. Uma terceira objeção é: quem é esse agente social que vive sob a égide do princípio do prazer? Se não é difícil identificar alguns segmentos na sociedade contemporânea que parecem assim fazê-lo, é mais fácil ainda encontrar aqueles que vivem, trabalham e desejam sobre a égide do princípio de realidade. Mais ainda, uma rápida enquete sociológica nos indicaria, sem qualquer dificuldade, interpretações bastante distintas acerca da motivação e de como as pessoas interpretam o mundo e suas ações que soariam bastante distintas das que Bauman julga que elas o fazem.

Colin Campbell é o último autor que iremos examinar. O interessante acerca do seu trabalho é o fato de ele ser um dos poucos autores que têm uma teoria sobre a sociedade de consumo e sobre o consumo, ou seja uma teoria sobre a natureza da realidade na sociedade de consumo e outra sobre por que consumimos — ambas claramente discerníveis uma da outra, embora coerentes e intimamente interligadas. Suas idéias mais importantes estão sintetizadas, na minha perspectiva, no hoje clássico *A ética romântica e o espírito do consumismo moderno* e no artigo "I Shop therefore I know that I am: The Metaphysical Basis of Modern Consumerism" [Eu compro logo sei quem sou: as bases metafísicas do consumismo moderno].

Campbell considera que o consumismo moderno, da mesma forma que Bauman, caracteriza-se primeiro pelo lugar ocupado pela emoção e pelo desejo na nossa subjetividade, o que faz com que procuremos mais a gratificação dos mesmos do que a satisfação de necessidades. E, segundo, pelo seu caráter irrestritamente individualista. A ideologia individualista atribui um valor extraordinário ao direito dos indivíduos de decidirem por si mesmos que bens e serviços desejam obter. Enquanto as necessidades de uma pessoa podem ser objetivamente estabelecidas, os nossos desejos podem ser identificados apenas subjetivamente.

Embora ambos os autores estejam próximos em relação às duas características básicas da sociedade de consumo, o significado atribuído por Campbell a ambas e a sua fundamentação sociológica divergem frontalmente das de Bauman. Enquanto Bauman vê no consumismo moderno uma fonte de desagregação social e individualização no sentido negativo, Campbell, ao contrário, considera que o consumismo moderno, ao invés de exacerbar a "crise de identidade" tão discutida pelos pós-modernos, é na verdade uma atividade através da qual os indivíduos conseguem resolvê-la. Identidades tribais, classe, gênero, grupo étnico, idade e outras variáveis sociais funcionam como uma moldura para os parâmetros que me definem quem verdadeiramente eu sou. O nossos *selves* são definidos pelos nossos gostos e preferências pessoais e o consumo funciona, nesse contexto, como uma avenida de conhecimento e reconhecimento do que sou. Qual o caminho percorrido por Campbell para chegar a essas conclusões?

Em *A ética romântica e o espírito do consumismo moderno* Campbell propõe duas teses distintas. A primeira é a de que o romantismo foi um dos ingredientes fundamentais na formação da sociedade de consumo moderna, e a segunda, que o consumo moderno é oriundo de uma mudança na concepção das fontes do prazer, ou seja na estrutura do hedonismo, da subjetividade moderna.

Campbell afirma que o que caracteriza a sociedade de consumo moderna é a insaciabilidade dos consumidores. Assim que um desejo ou "necessidade" é satisfeito, outro já se acha à espera. Esse processo é incessante e ininterrupto. Essa sucessão interminável de "necessidades vitais", que surgem umas de dentro das outras, é qualificada. Não é a simples permanência de um sentimento de insatisfação, de um eterno "querer mais", mas a existência de uma insaciabilidade para com novos produtos.

Mas qual a origem dessa insaciabilidade por coisas novas? Para Campbell ela se encontraria na alteração no padrão de gratificação das pessoas ocorrido em torno do século XVII. Nessa época teríamos passado do hedonismo tradicional para o moderno.

O hedonismo tradicional se caracteriza pelo prazer oriundo das sensações. Ele se ancora nos sentidos e na satisfação que esses podem obter dos estímulos exteriores. As experiências são valorizadas na medida em que geram prazeres.

Por outro lado, o hedonismo moderno caracteriza-se pelo deslocamento da preocupação primordial das sensações para as emoções. O hedonismo moderno nos permite evocar estímulos através da imaginação e na ausência de qualquer sensação gerada a partir do mundo exterior. Esse controle ocorre através do poder da imaginação, que proporciona a ampliação das experiências agradáveis. Isso resulta não só do fato de não existirem quaisquer restrições à faculdade da imaginação, como também de que esta se encontra dentro do próprio controle do hedonista.

No hedonismo tradicional o papel da imaginação na antecipação do prazer da experiência está basicamente relacionado à memória. As imagens são apenas tiradas do passado e empregadas como são. A imaginação não se encontra sobre a autodireção do indivíduo. No hedonismo moderno, por oposição, a imaginação do indivíduo se encontra sob o seu controle absoluto. Aqui, "o indivíduo é muito mais um artista da imaginação, alguém que tira imagens da memória ou das circunstâncias existentes e as redistribui ou as aperfeiçoa de outra maneira em sua mente de tal modo que elas se tornam distintamente agradáveis".

É como se nos tornássemos atores, diretores e platéia dos "filmes"que criamos na nossa imaginação. Nada do que entre na nossa composição auto-ilusiva o faz sem a nossa permissão e sempre com a intenção de tornar a experiência emocional, desencadeada via imaginação, mais intensa e prazerosa. Enquanto a fantasia não tem nenhum compromisso com a realidade e possibilidades de realização na medida em que não possui limites o sonho auto-ilusivo, o *daydream*, ao contrário, tem uma relação de possibilidade e probabilidade com esta última. É justamente esta dimensão, junto com o autocontrole, que me permite calibrar tudo e todos os envolvidos, que o torna imensamente sedutor, na medida em que se criam fantasias convincentes. Todos esses elementos "alteram drasticamente a natureza do hedonismo, pois não apenas o homem moderno colhe prazer em suas fantasias mas, deleitando-se com elas, muda radicalmente sua concepção do lugar do prazer na vida real."

Mas como se dá a relação entre o *daydream* (o mecanismo de controle da imaginação), a vida cotidiana e o consumo? No contexto do hedonismo moderno os bens e serviços se transformam em "detonadores" de *daydreams*. Os consumidores não procuram nos produtos e serviços tanto as famosas "satisfações das necessidades" como o prazer das experiências auto-ilusivas que constroem com suas "significações associadas". A partir de um bem ou serviço um conjunto de associações prazerosas pode ser feito. Nessa perspectiva, portanto, a atividade fundamental do consumo não é a seleção, a compra ou o uso dos produtos, mas a procura do prazer imaginativo a que a imagem do produto se empresta, sendo o consumo verdadeiro, em grande parte, um resultante desse hedonismo mentalístico.

A partir dessa perspectiva tanto a ênfase na novidade quanto na insaciabilidade podem ser explicadas. Outras implicações podem ser retiradas das proposições de Campbell, que vão de encontro ao pensamento estabelecido sobre a sociedade de consumo moderna. A primeira delas é a de que o espírito do consumismo moderno "é tudo, menos materialista". Se os consumidores desejassem realmente a posse material dos bens, se o prazer estivesse nela contido, a tendência seria a acumulação dos objetos, e não o descarte rápido das mercadorias e a busca por algo novo que possa despertar os mesmos mecanismos associativos. O desejo dos consumidores é experimentar na vida real os prazeres vivenciados na imaginação, e cada novo produto é percebido como oferecendo uma possibilidade de realizar essa ambição. Mas, como sabemos que a realidade sempre fica aquém da imaginação, cada compra nos leva a uma nova desilusão, o que explica a nossa determinação de sempre achar novos produtos que sirvam como objetos de desejo a serem repostos.

Uma outra implicação diz respeito ao papel manipulador atribuído ao marketing e à propaganda no consumo moderno. Ora, se a fonte da nossa insaciabilidade por novos produtos se encontra na forma como obtemos prazer — no caso através do devaneio auto-ilusivo — marketing e propaganda não possuem nenhuma influência neste processo. Levando até as últimas o raciocínio que a teoria de Campbell nos permite, eles até nem precisariam existir para que o consumo moderno fosse exatamente o que ele é. No contexto atual, marketing e propaganda seriam no máximo sistemas de oferta de informação de novos produtos e serviços que vão detonar novas possibilidades de *daydreams*.

Aliás, a interpretação de Campbell encaminha melhor alguns problemas que parecem patinar em outros contextos teóricos. Um deles é o da verdadeira influência de propaganda e marketing na indução à compra. Segundo pesquisas, apenas um pequeno percentual de compras é resultado direto da propaganda. Sendo assim, o que então levaria os consumidores a comprar? Mais ainda, outras pesquisas indicam que a maioria das pessoas declaram não acreditar no que os anúncios dizem; neste caso, quem está sendo manipulado? Devo, por uma defesa intransigente de uma perspectiva teórica, continuar ignorando o que as pessoas dizem a respeito de seus próprios hábitos, valores e concepções? Devo ignorar, também, que as pessoas manipulam ativa e simbolicamente os produtos e serviços que adquirem a partir de seus próprios desejos? Ou devo arrogantemente afirmar que elas não sabem que estão sendo enganadas, porque não possuem a informação que eu, intelectual, possuo?

Um outro aspecto a ser considerado é que desde a década de 1980 a dimensão expressiva dos produtos tem sido sempre a mais valorizada nos anúncios, com a propaganda investindo pesadamente no sonho, na aventura, no risco, na audácia, na amizade, no romance etc., resumindo, em ingredientes essencialmente românticos. Será que isto não é feito porque na verdade os produtos não são mais "vendidos" (no sentido de impostos), mas sim "comprados" (no sentido de escolhidos) pelos consumidores? Ou seja, os anunciantes, na realidade, têm que convencer seus possíveis consumidores de que seus produtos são aqueles que melhor material lhes dão para os seus *daydreams*? Mais ainda, não são os anunciantes eles mesmos consumidores de uma sociedade de consumo caracterizada por um tipo de hedonismo auto-ilusivo? Poderiam eles maquiavelicamente escapar do mundo no qual se encontram?

O *commodity sign* de Baudrillard, enfatizado como uma distorção do capitalismo pela obliteração do valor de uso e de troca dos produtos, poderia ser encarado como uma confirmação do poder e da influência do hedonismo auto-ilusivo na sociedade e no consumo contemporâneo. Se o capitalismo cria necessidades para poder se auto-reproduzir, e o seu espraiamento no mundo indica que ele foi bem-sucedido, por que, então, ele haveria de criar a necessidade do "sonho"? Além disso, se conscientemente sei que ele cria necessidades que não existem — o que indica uma capacidade de crítica sobre a realidade —, por que subitamente esta capacidade de crítica se esvai e "eu compro uma necessidade que sei que não existe dentro de mim"? Que tipo de indivíduo consciente e livre é o consumidor moderno que exercita sua reflexividade para algumas coisas e não para todas? A liberdade dos signos de serem acoplados a produtos diferentes não é mais um reforço na idéia de que o consumismo moderno se revela mais pelas representações dos produtos do que pelos próprios produtos?

Além disso, em relação à questão da identidade e consumo, as teses do autor fornecem outra alternativa teórica às afirmações sobre a dissolução e as múltiplas identidades do sujeito pós-moderno. À idéia de que o consumo ocupa na vida contemporânea o lugar de outras instituições que não possuem mais legitimidade para definirem o que somos e devemos ser — e, portanto, somos aquilo que possuímos, e como tal somos sujeitos desconstruíveis e permanentemente mutáveis — pode ser contraposta a uma outra perspectiva. Qual seja, o verdadeiro local da nossa identidade deve ser encontrado não nos produtos que consumimos ou naquilo que possuímos, mas na nossa reação a eles. Para Campbell nós nos descobrimos ao nos expormos a uma grande variedade de produtos e serviços. E é através da monitoração de nossa reação a eles, observando o que gostamos e detestamos, que vamos descobrindo quem verdadeiramente somos. Como o autor conclui, o consumo na sociedade de consumo moderna não deve ser visto como uma busca desesperada pela ausência de significado, mas a solução desta busca. O consumo na sociedade contemporânea oferece o significado e a identidade que todos nós buscamos, e é justamente através dessa atividade que descobrimos quem somos e conseguimos combater o nosso sentimento de insegurança ontológica.

Como vimos pela revisão anterior sobre as teorias da sociedade e cultura de consumo, é extremamente complexa a tarefa de delimitar as suas fronteiras e os temas e questões que ela envolve. Contudo, a título de simples exercício de sistematização, gostaria de apresentar um quadro no qual procurarei enumerar, a partir dos diferentes autores, as características e discussões que podem ser associadas mais à sociedade de consumo e aquelas que dizem respeito preponderantemente à cultura do consumo ou do consumidor.

Sociedade de consumo	Cultura de consumo
1. Sociedade capitalista e de mercado;	1. Ideologia individualista;
2. Acumulação de cultura material sob a forma de mercadorias e serviços;	2. Valorização da noção de liberdade e escolha individual;
3. Compra como a principal forma de aquisição de bens e serviços;	3. Insaciabilidade;
4. Consumo de massas e para as massas;	4. Consumo como a principal forma de reprodução e comunicação social;
5. Alta taxa de consumo individual;	5. Cidadania expressa na linguagem de consumidor;
6. Taxa de descarte das mercadorias quase tão grande quanto a de aquisição;	6. Fim da distinção entre alta e baixa cultura;
7. Consumo de moda (novidade);	7. Signo como mercadoria;
8. Consumidor como um agente social e legalmente reconhecido nas transações econômicas.	8. Estetização e comoditização da realidade.

Estudos de consumo no Brasil

No Brasil grande parte dos temas e da literatura sobre consumo é ainda pouco conhecida. O que predomina entre nós é uma visão do consumo e da sociedade de consumo influenciada pelos trabalhos da escola de Frankfurt (Adorno e Horkheimer) e pelo trabalho de Herbert Marcuse e Baudrillard. Essa visão é bastante destituída de qualquer perspectiva crítica e fundamentação empírica, na medida em que não existe uma tradição acadêmica brasileira que tenha feito investimentos na análise do consumo e da sociedade de consumo. Por conseguinte o que se observa é uma repetição mecânica do que disseram os autores mencionados anteriormente sobre a sociedade européia e norte-americana, principalmente no âmbito da produção e do consumo cultural. Não se cogita que as questões filosóficas e as características da sociedade de consumo levantadas por eles possam receber outras interpretações. Nem mesmo que os processos sociais e culturais a que foram submetidas as sociedades modernas européias e norte-americanas possam ter efeitos e significados distintos em uma sociedade com características sociológicas definidas como pós-modernas, como é o caso brasileiro, e que nunca realizou, plenamente, o projeto moderno.

Ainda assim, é possível se identificar no ambiente acadêmico brasileiro quatro versões distintas sobre a sociedade de consumo e o significado do consumo, que ironicamente são compartilhadas tanto por conservadores como por marxistas. Na primeira, o consumo aparece como destruindo as diferenças significativas entre as pessoas e sociedades; como a força primordial por trás da americanização do mundo; como um fenômeno intimamente ligado à dominação capitalista; ou seja, que a cultura do consumo é um aspecto geral da erosão da cultura como um todo.

Na sua segunda versão o que é enfatizado é a visão do consumo como oposto à sociabilidade. O consumo é apresentado como baseado em uma visão de mundo essencialmente materialista e em desejos irracionais por mercadorias que levam as pessoas a se preocuparem mais com os bens do que os demais seres humanos, afetando e diminuindo a parcela de humanidade em cada um de nós.

A terceira versão sobre o consumo privilegia uma suposta oposição entre consumo e autenticidade. Afirma-se que o aumento do consumo é acompanhado por uma perda de autenticidade e de profundidade das pessoas, caracterizada por uma relação irracional com a cultura material, em relação à qual o que é privilegiado é a dimensão expressiva dos bens e produtos em detrimento da funcional e utilitária. O aumento do consumo de massa é, pois, visto como necessariamente oposto ao nosso envolvimento com a produção.

A quarta e última versão sobre o significado do consumo e da sociedade de consumo enfatiza a idéia de que o consumo "produz" tipos humanos específicos. O consumo induz as pessoas à imitação, à competição por status como um dos principais modos de relações sociais, ao individualismo, ao consumo conspícuo e a sua exibição em detrimento de outras formas de sociabilidade e, por fim, apregoa que a sociedade de consumo é mais hedonística do que outras formas de sociedade.

Em termos de produção acadêmica efetiva, trabalhos que tenham como tema o consumo são praticamente inexistentes. Em pesquisa realizada por Livia Barbosa e Laura Gomes em dois dos maiores centros de pós-graduação no Brasil — Instituto Universitário de Pesquisa do Estado do Rio de Janeiro (Iuperj) e no Programa de Pós-Graduação em Antropologia Social da Universidade Federal do Rio de Janeiro (Museu Nacional) — ambos com mais de 20 anos de existência e com o maior total de teses produzidas em relação aos demais centros semelhantes, foram registradas pouquíssimas teses que tangenciam ou abordam o consumo ou mesmo a sociedade brasileira como uma sociedade de consumo. Aliás, a determinados grupos sociais como, por exemplo, é o caso dos negros, lhes é negado inteiramente o status de consumidores. Apesar da existência de uma vasta bibliografia sobre negros no Brasil, esta enfatiza, basicamente, a dimensão de minoria discriminada e excluída deste grupo e a sua dimensão étnica e/ou religiosa.

Cabe ressaltar que pesquisas recentes do IBGE indicam que, hoje, mais de 25% da classe média brasileira é composta de não-brancos. Portanto, a cor e a carência material de grande parte da população de não-brancos são os elementos que definem, para a sociedade brasileira, a identidade deste grupo como um todo, neutralizando inteiramente outras dimensões, como por exemplo a de consumidores, a de cidadãos, em suma, de pessoas que, na mesma medida que os seus pesquisadores, pensam criticamente o mundo, fazem escolhas, rejeitam comportamentos e idéias etc.

Existem também poucas publicações que acolhem material sobre assuntos relacionados ao consumo de modo geral, tais como moda como um fenômeno social típico das sociedades modernas, consumo cultural, religioso, alimentar ou mesmo a relação importante da atualidade entre consumo e cidadania e as fontes de autoridade do consumidor.

Via de regra, as poucas pesquisas empíricas existentes sobre consumo no Brasil estão atreladas ao estudo de grupos sociais específicos (trabalhadores, camponeses, índios etc.) como um elemento a mais na composição das "condições de vida" dessas populações, geralmente percebidas como estando submetidas a um processo de mudança em relação ao seu gênero de vida tradicional, freqüentemente idealizado como auto-suficiente e autêntico para um gênero de vida moderno, marcado pela perda dessa auto-suficiência e autenticidade originais, algo que transforma essas populações em grupos dependentes e marginais, que reagem às ações dos grupos dominantes. Mesmo no que se refere a trabalhos sobre consumo alimentar, percebe-se a ênfase sobre a nostalgia da perda de "autenticidade" que os novos hábitos alimentares adquiridos através do consumo do *fast-food* produzem, por exemplo. Os aspectos positivos nesses trabalhos enfatizam o simbolismo da comida e das formas de comensalidade tradicionais, o que acaba por reificar categorias que são essencialmente culturais — como a própria categoria "comida", que indica um tipo específico de alimento, por exemplo — e, que, portanto, deveriam ser, por si só, objetos de sistemáticas reflexões e levantamentos empíricos.

Enfim, é preciso dizer que quando estudado no Brasil, o consumo serve muito mais para marcar perdas e ausências do que para enfatizar ganhos e mudanças positivas em termos de mobilidade social, aquisição de status e prestígio dos grupos sociais e de melhora nos padrões de vida. Nesses casos, o consumo se torna invisível e, portanto, explicitá-lo se torna moralmente condenável.

Referências e fontes

BAUMAN, Z. "Consuming Life", *Journal of consumer Culture*, vol. 1, n.1, (Londres, Sage Publications, 2001).

BAUDRILLARD, J. *Sociedade de consumo* (São Paulo, Elfos, 1995).

BOURDIEU, P. *La Distinction: critique sociale du jugement* (Paris, Les Editions de Minuit, 1979).

CAMPBELL, C. *A ética romântica e o espírito do consumismo moderno* (Rio de Janeiro, Rocco, 2000).

______. "I Shop therefore I Know that I am: The Metaphysical Basis of Modern Consumerism", in K. Ekstrom e H. Brembeck. *Elusive Consumption: Tracking New Research Perspectives* (Oxford, Berg Publishers, 2004).

DOUGLAS, M. e B. Isherwood. *O mundo dos bens: para uma antropologia do consumo* (Rio de Janeiro, Ed. UFRJ, 2004).

ELIAS, N. *A sociedade de corte* (Rio de Janeiro, Jorge Zahar, 2001).

EWEN, S. e E. *Channels of Desire: Mass Images and the Shaping of American Consciousness.* (Nova York, McGraw Hill, 1982).

FEATHERSTONE, M. *Cultura de consumo e pós-modernismo* (São Paulo, Studio Nobel, 1995).

FINE, B. e E. Leopold. *The World of Consumption* (Londres e Nova York, Routledge, 1993).

LIPOVETSKY, G. *O império do efêmero* (São Paulo, Cia. das Letras, 1989).

MCCRACKEN, G. *Cultura e consumo* (Rio de Janeiro, Mauad, 2003).

MILLER, D. (org.) "Consumption as the Vanguard of History: A Polemic by Way of an Introduction". In *Acknowledging Consumption* (Londres, Routledge, 1995).

SLATER, D. *Cultura do consumo & modernidade* (São Paulo, Nobel, 2001).

Leituras recomendadas

A bibliografia em inglês e francês sobre sociedade de consumo, teorias de consumo e sobre o consumo como um processo social é abundante. Do ponto de vista histórico eu gostaria de indicar: *The Birth of a Consumer Society* de John Brewer MacKendrik e J.H. Plumb (Londres, Europa Publications Semifed, 1982); *Patterns of Materialism* de Chandra Mukerji (Nova York, Columbia University Press, 1983); o já citado *A sociedade de corte*, de Norbert Elias e *A civilização material, economia e capitalismo*, de Fernand Braudel (São Paulo, Martins Fontes, 1998), que são referências básicas. Ainda no registro da história, *Governance of the Consuming Passions. A History of Sumptuary Law*, de Alan Hunt (Nova York, St. Martin's Press, 1996) é talvez um dos mais completos estudos sobre leis suntuárias ao alcance do público. No que concerne aos novos espaços de comercialização criados pela sociedade de consumo *Dream Worlds*, de Rosalind Williams (Los Angeles, University of California Press, 1982) e *The Bon Marché*, de Michael Miller (Princeton, Princeton University Press, 1981) são leituras indispensáveis.

Material Culture and Mass Consumption de Daniel Miller (Nova York, Basel Blackwell, 1987) é um outro clássico. Nesse livro o autor retoma o estudo da cultura material, deixado de lado durante décadas pelos cientistas sociais, e a sua importância na construção da subjetividade e da sociedade de consumo contemporânea. *The Social Life of Things. Commodities in Cultural Perspective*, editado por Arjun Appadurai (Cambridge, Cambridge University Press, 1986) é um outro livro básico no que concerne a novos *insights* sobre a idéia de mercadoria e da importância da cultura material e da biografia dos objetos nas diferentes sociedades.

Em relação às teorias de consumo e sobre a sociedade de consumo, além dos livros citados nas Referências e fontes, sugiro *The Theory of the Leisure Class; an economic study of institutions*, de Thorstein Veblen (Nova York, Funk and Wagnalls, s/d). *Teoria das compras*, de Daniel Miller (São Paulo, Nobel, 2000).

Para concluir, sugiro a coletânea *Acknowledging Consumption* organizada por Daniel Miller. Ela posiciona o leitor no estado-da-arte que este tema se encontra no interior das diferentes ciências sociais, história e psicologia. É importante frisar que, como o tema do consumo é muito vasto, existem bibliografias específicas sobre diferentes tipos de consumo — como por exemplo, o alimentar, de bens posicionais, de moda e de produtos de luxo, entre outros; a relação do consumo com identidade, religião, marketing etc.; estudos sobre consumidores, modalidade e comportamento de compra.

Já a bibliografia em português sobre todos esses temas é extremamente escassa. Além dos livros e teorias de Jean Baudrillard, Zygmunt Bauman, Herbert Marcuse e da Escola de Frankfurt, quase todos traduzidos, abundantemente lidos e citados, muito pouco existe, embora recentemente tenham sido editadas no Brasil as obras de Mary Douglas e Baron Isherwood, Daniel Miller, Don Slater e Colin Campbell.

Sobre a autora

A autora é doutora em antropologia social pelo PPGAS/UFRJ, diretora de pesquisa do Centro de Altos Estudos de Propaganda e Marketing da Escola de Propaganda e Marketing/Rio, professora aposentada do Departamento de Antropologia e Ciência Política da Universidade Federal Fluminense e autora de vários livros conhecidos, como *O jeitinho brasileiro ou a arte de ser mais igual que os outros* (Rio de Janeiro, Campus, 9ª ed.); *Igualdade e meritocracia: A ética do desempenho nas sociedades modernas* (Rio de Janeiro, Ed. FGV, 4ª ed.); *O Brasil não é para principiantes: Carnavais, malandros e heróis 20 anos depois* (Rio de Janeiro, Ed. FGV, 2ª ed.), em conjunto com Laura Graziela Gomes e José Augusto Drummond; e *Cultura, consumo e identidade* (Rio de Janeiro, Ed. FGV), em parceria com Colin Campbell.

Coleção **PASSO-A-PASSO**

Volumes recentes:

CIÊNCIAS SOCIAIS PASSO-A-PASSO

Literatura e sociedade [48], Adriana Facina

Sociedade de consumo [49], Lívia Barbosa

Antropologia da criança [57], Clarice Cohn

Patrimônio histórico e cultural [66], Pedro Paulo Funari e Sandra de Cássia Araújo Pelegrini

Antropologia e imagem [68], Andréa Barbosa e Edgar T. da Cunha

Antropologia da política [79], Karina Kuschnir

Sociabilidade urbana [80], Heitor Frúgoli Jr.

Filosofia da biologia [81], Karla Chediak

Pesquisando em arquivos [82], Celso Castro

FILOSOFIA PASSO-A-PASSO

A pragmática na filosofia contemporânea [59], Danilo Marcondes

Wittgenstein & o Tractatus [60], Edgar Marques

Leibniz & a linguagem [61], Vivianne de Castilho Moreira

Filosofia da educação [62], Leonardo Sartori Porto

Estética [63], Kathrin Rosenfield

Filosofia da natureza [67], Márcia Gonçalves

Hume [69], Leonardo S. Porto

Maimônides [70], Rubén Luis Najmanovich

Hannah Arendt [73], Adriano Correia

Schelling [74], Leonardo Alves Vieira

Niilismo [77], Rossano Pecoraro

Kierkegaard [78], Jorge Miranda de Almeida e Alvaro L.M. Valls

PSICANÁLISE PASSO-A-PASSO

O adolescente e o Outro [37], Sonia Alberti

A teoria do amor [38], Nadiá P. Ferreira

O conceito de sujeito [50], Luciano Elia

A sublimação [51], Orlando Cruxên

Lacan, o grande freudiano [56], Marco Antonio Coutinho Jorge e Nadiá P. Ferreira

Linguagem e psicanálise [64], Leila Longo

Sonhos [65], Ana Costa

Política e psicanálise [71], Ricardo Goldenberg

A transferência [72], Denise Maurano

Psicanálise com crianças [75], Teresinha Costa

Feminino/masculino [76], Maria Cristina Poli